3 1994 01320 3648

SANTA ANA PUBLIC LIBRARY

07/66

READING POWER
En Español

Entrenamiento deportivo

Béisbol

Jack Otten

J SP 796.357 OTT
Otten, Jack
Beisbol

$17.25
CENTRAL   31994013203648

The Rosen Publishing Group's
Editorial Buenas Letras™
New York

Published in 2003 by The Rosen Publishing Group, Inc.
29 East 21st Street, New York, NY 10010

Copyright © 2003 by The Rosen Publishing Group, Inc.

All rights reserved. No part of this book may be reproduced in any form without permission in writing from the publisher, except by a reviewer.

First Edition in Spanish 2003
First Edition in English 2002

Book Design: Christopher Logan

Photo Credits: Cover, pp. 4, 6, 8–21 by Maura Boruchow;
p. 5 © AllSport Photography; p. 7 © Ed Bock/Corbis Stock Market

Otten, Jack.
    Béisbol / por Jack Otten ; traducción al español: Spanish
    Educational Publishing
    p. cm.—(Entrenamiento deportivo)
    Includes bibliographical references (p.) and index.
    ISBN 0-8239-6845-6 (lib. bdg.)
    1. Basebal—Training—Juvenile literature. [1. Baseball. 2. Spanish
    Language Materials.]
    I. Title. II. Series: Otten, Jack. Sports Training.

    GV867.5 .O88 2001
    796.357–dc21
                                            2001000248

Manufactured in the United States of America

Contenido

Introducción

Estos beisbolistas profesionales
juegan en los Yankees.
Los muchachos de la foto
también quieren ser
beisbolistas profesionales.

Calentamiento

El equipo tiene práctica de béisbol.
Primero hacen calentamiento.
Doblan los brazos y la cintura
El entrenador da instrucciones.

Un jugador hace diez flexiones
para fortalecer los brazos.
Hay que tener los brazos fuertes
para batear y lanzar la bola.

Brazo fuerte

Dos jugadores corren rápido
alrededor de la cancha.
Para tocar las bases
hay que correr rápido.

Práctica

Los bateadores se ponen casco.
Batean con un bate.

CASCO

BATE

El entrenador le muestra a cada
jugador cómo manejar el guante.
Deben usar las dos manos
para atrapar la pelota.

El entrenador le lanza
una roleta al parador en corto.
El parador en corto se agacha
para atrapar la pelota.

El entrenador lanza
una pelota elevada.
El jardinero corre
y alza el guante
para atrapar la pelota.

El entrenador ayuda al jugador a escoger un bate. Le dice que busque un bate que no sea muy pesado ni muy largo.

El bateador va a batear.
El lanzamiento es rápido.
El bateador le da a la pelota.

BATEAR

Trabajo en equipo

El pítcher y el cátcher
trabajan en equipo.
El pítcher lanza la pelota
al guante del cátcher.

El cátcher está detrás
de la base del bateador.
Tiene protectores y careta
para protegerse.

STRIKE

CARETA

PROTECTORES

El equipo juega un partido.
Juegan como les enseñó
el entrenador.

Después del partido,
el entrenador les dice
que fue una buena práctica.

Glosario

jardinero (el) jugador que ocupa una posición en la parte del campo más alejada de la base del bateador

parador en corto (el) jugador que se coloca entre segunda y tercera base

pítcher (el) jugador que lanza la pelota al cátcher

roleta (la) pelota bateada que va rodando o saltando sobre el terreno

Recursos

Libros

Baseball
Laurie Wark y Scot Ritchie
Kids Can Press (1997)

*Touching All the Bases: Baseball
for Kids of All Ages*
Claire MacKay
Firefly Books (1996)

Sitios web

Debido a las constantes modificaciones en los sitios de Internet, PowerKids Press ha desarrollado una guía on-line de sitios relacionados al tema de este libro. Nuestro sitio web se actualiza constantemente. Por favor utiliza la siguiente dirección para consultar la lista:

http://www.buenasletraslinks.com/ed/beissp/

Índice

Número de palabras: 239

Nota para bibliotecarios, maestros y padres de familia

Si leer es un reto, ¡Reading Power en español es la solución! Reading Power es ideal para lectores hispanoparlantes que buscan un nivel de lectura accesible en su propio idioma. Ilustrados con fotografías, estos libros presentan la información de manera atractiva y utilizan un vocabulario sencillo que tiene en cuenta las diferencias lingüísticas entre los lectores hispanos. Relacionando claramente texto con imágenes, los libros de Reading Power dan al lector todo el control. Ahora los lectores cuentan con el poder para obtener la información y la experiencia que necesitan en un ameno formato completamente ¡en español!

Note to Librarians, Teachers, and Parents

If reading is a challenge, Reading Power is a solution! Reading Power is perfect for readers who want high-interest subject matter at an accessible reading level. These fact-filled, photo-illustrated books are designed for readers who want straightforward vocabulary, engaging topics, and a manageable reading experience. With clear picture/text correspondence, leveled Reading Power books put the reader in charge. Now readers have the power to get the information they want and the skills they need in a user-friendly format.